Dieses Buch gehört:

Besuche unsere Webseite

www.kirdes.com

Findet uns auf Instagram für wöchentliche Updates
@kirdesjam

Ihre Meinung ist gut oder schlecht, wir sind hier, um uns zu verbessern und ohne Ihren Beitrag das wäre nicht möglich, wenn du irgendwelche Fragen, Kommentare, Kritiker, Kontaktieren Sie uns unter: **info@kirdes.com.**

Fehler können immer auftreten, wenn Sie Probleme mit diesem gedruckten haben Ausgabe wie Druckfehler, fehlerhafte Bindung, Grammatik- / Tippfehler Bitte zögern Sie nicht und kontaktieren Sie uns unter **info@kirdes.com.**

Greetings

Wir hoffen, Sie hatten viel Spaß
dieses Buch ausmalen.
Wir würden uns freuen, Ihre Kreativität zu sehen.
Bitten Sie und Erwachsene, es mit uns auf Instagram zu
teilen und @kirdesjam in der Post zu markieren
oder senden Sie es per E-Mail an info@kirdes.com